SANDRA FRANITZA

FIX ohne FIX

SCHNELLE GERICHTE OHNE FIX-TÜTE

HEEL

HEEL Verlag GmbH

Gut Pottscheidt
53639 Königswinter
Tel.: 02223 9230-0
Fax: 02223 9230-13

E-Mail: info@heel-verlag.de
Internet: www.heel-verlag.de

4. Auflage 2024

Fotos: Sandra Franitza, Jo Kirchherr (Cover, Seite 5, 6. 24, 25 und 112)

Illustrationen: adobe.com © Marina Zlochin; © Наталья Кириллова;

Projektleitung: Christine Birnbaum

Gestaltung: Sabine Vonderstein, Köln

Printed in Slovakia

ISBN 978-3-96664-522-5

Folgt dem HEEL Verlag gerne auch unter

www.instagram.com/heelverlag
www.facebook.com/heelverlag
www.youtube.com/heelverlag
@heelverlag

Ebenfalls erschienen:

ISBN 978-3-96664-713-7

Inhalt

Hallo von mir an Dich 😊

Ich freue mich sehr, dass mein Buch in Deiner Küche Einzug gefunden hat und ich Dich somit ein wenig beim Kochen begleiten darf.

Falls wir uns noch nicht kennen, ich bin Sandra und lebe zusammen mit meinen beiden Männern, sprich meinem Freund und meinem Kater, im schönen Bergischen Land, in der Nähe von Köln.

Gekocht habe ich schon immer gern, gegessen noch viel lieber … Und damit letzteres nicht zu lange auf sich warten lassen muss, haben es mir im Alltag schnelle und einfache Gerichte ganz besonders angetan.

Bereits seit 2014 findet Ihr viele meiner Rezepte auf **www.sandras-kochblog.de.** Das ist mein eigener Foodblog, den ich mit viel Herzblut betreibe.

Auf meinem Instagram-Account sandraskochblog gibt es seit etwa 2 Jahren eine ganz besondere Kategorie, nämlich den **#fixohnefixfreitag.** Hier koche ich mich quer durchs Fix-Tüten-Sortiment, natürlich ohne entsprechende Tüte.

Das können zum Beispiel Klassiker sein, wie das Zwiebel-Sahne-Hähnchen und der Bauerntopf, aber auch Gerichte, zu denen es mittlerweile keine entsprechende Fix Tüte mehr im Handel gibt und die von dem ein oder anderen „schmerzlich“ vermisst werden.

Mir macht es unglaublich viel Freude, diese Fix-Tüten-Gerichte mit frischen Zutaten „nachzubauen“. Das heißt, ich schaue mir an, welche Zutaten das Tütchen enthält und überlege, wie man diese ersetzen kann und streiche alles raus, was wir in einem selbst gekochten Essen nicht benötigen. Zum Beispiel jegliche Geschmacksverstärker.

Das
bisschen

Mittlerweile findet Ihr schon über 100 „nachgebaute“ Fix-Tüten-Gerichte auf meinem Instagram-Account und es ist auch das beliebteste Format. Regelmäßig erreichen mich dort von meiner Community Rezeptwünsche, insbesondere für Fix-Tüten-Gerichte, die aus dem Sortiment genommen wurden.

Eure und meine liebsten Rezepte und die absoluten Klassiker aus der Kategorie „Fix ohne Fix“ haltet Ihr gerade in den Händen.

Für fast alle Gerichte benötigt Ihr nur wenige Zutaten und habt eine kurze Zubereitungszeit, somit sind sie perfekt für den Alltag geeignet.

Probiert Euch durch oder wandelt die Gerichte nach Eurem Geschmack ab. Kochen darf und soll flexibel sein. Natürlich könnt Ihr Euch auch 1:1 an meine Angaben halten, denn alle Rezepte wurden bereits mehrfach von meiner Community erprobt und für lecker befunden.

Danke, dass mein Buch nun sein Plätzchen bei Dir gefunden hat.

Deine Sandra

Dank

Ein besonderer Dank gilt meiner treuen Instagram-Community, die mich überhaupt erst auf die Idee gebracht hat, ein Buch zum #fixohnefixfreitag zu erstellen. Ich freue mich sehr, dass Ihr mich begleitet.

Danke an meine Familie und Freunde, die meine Leidenschaft immer so unterstützen und auch gerne mal „testessen“.

Natürlich gilt mein Dank auch dem Heel Verlag für die tolle Umsetzung dieses Buches.

Die ABSOLUTEN KLASSIKER

Vom Herd und aus dem Ofen

SPAGHETTI BOLOGNESE

ZUTATEN

500 g Spaghetti
500 g Rinderhackfleisch
1 TL Zucker
Je 1 TL Salz, Oregano, Basilikum
1 Prise schwarzer Pfeffer
1 Zwiebel
100 g Möhren
100 g Staudensellerie
2 Knoblauchzehen
2 EL Tomatenmark
250 ml Rotwein
400 ml Rinderbrühe
2 Dosen gehackte Tomaten (je 400 g)
2 Lorbeerblätter
1 kleiner Schuss Milch
Öl zum Anbraten

Das Hackfleisch in einem Topf mit etwas Öl krümelig anbraten und mit Salz, Pfeffer, Zucker und den Kräutern würzen. Die Zwiebel klein hacken, Möhren und Sellerie in feine Würfel schneiden. Alles zum Hackfleisch geben und 10 Minuten bei kleiner Hitze mit anschwitzen.

Anschließend den Knoblauch pressen und mit dem Tomatenmark unterrühren. Mit dem Wein ablöschen. Nachdem der Wein eingekocht ist, die Rinderbrühe, die gehackten Tomaten und die Lorbeerblätter einrühren.

Die Bolognese-Sauce bei kleiner Hitze etwa 1 Stunde offen köcheln lassen. Dann die Milch einrühren, abschmecken und die Lorbeerblätter entfernen.

Spaghetti in Salzwasser al dente kochen und mit der fertigen Sauce servieren.

3–4 Personen

KÄSE-LAUCH-SUPPE
MIT HACKFLEISCH

ZUTATEN

500 g Hackfleisch (gemischt)
1 Gemüsezwiebel
2 Stangen Porree oder 1 Bund Lauchzwiebeln
800 ml Rinderbrühe oder Gemüsebrühe
200 ml Wasser
200 g Schmelzkäse mit Kräutern
200 g Schmelzkäse ohne Kräuter
1 gute Prise Salz und Pfeffer
Etwas Öl zum Anbraten

Das Hackfleisch in einem Topf mit etwas Öl krümelig anbraten und mit Salz und Pfeffer würzen, dann die gewürfelten Zwiebeln und den in Ringe geschnittenen Porree hinzugeben und bei mittlerer Hitze ca. 5 Minuten mit anschwitzen.

Mit der Brühe und dem Wasser ablöschen, alle weiteren Gewürze hinzugeben, aufkochen lassen und bei kleiner Hitze mit geschlossenem Deckel leicht köcheln lassen.

Den Schmelzkäse einrühren und die Suppe weitere 15 Minuten leicht köcheln lassen. Mit Salz und Pfeffer abschmecken.

4
Personen

PAPRIKA-SAHNE-HÄHNCHEN

Es ist wirklich super einfach zuzubereiten und schmeckt auch mit nur wenigen Zutaten unglaublich lecker.

2–3 Personen

ZUTATEN

3 Hähnchenbrustfilets
Salz, Pfeffer
200 ml Sahne
200 g Schmand
1 EL Tomatenmark
3 TL Paprika (edelsüß)
1 TL Paprika (rosenscharf)
1 TL Instant-Gemüsebrühe
½ TL Knoblauchpulver
½ TL Chili ohne Kerne
Etwas Öl zum Einfetten der Auflaufform

Den Ofen auf 200 °C Umluft vorheizen.

Die Hähnchenbrustfilets von beiden Seiten salzen und pfeffern, mit etwas Paprika (edelsüß) würzen und in eine gefettete Auflaufform geben.

Für die Sauce die Sahne mit dem Schmand und dem Tomatenmark verrühren. Die Gewürze hinzugeben, alles gut vermengen und über dem Hähnchen verteilen.

Etwa 40 Minuten im vorgeheizten Ofen garen.

Als Beilage passt Reis sehr gut.

WIKINGERTOPF
MIT HACKBÄLLCHEN

ZUTATEN

500 g Rinderhackfleisch
Salz, Pfeffer, Paprika (edelsüß)
5 Möhren
100 ml Wasser
200 ml Sahne
200 g TK-Erbsen
1 TL Speisestärke
3 gehäufte EL Kräuterschmelzkäse
Frische Petersilie
Etwas Öl zum Anbraten

Das Hackfleisch mit Salz, Pfeffer und Paprika würzen, gut verkneten und daraus ca. 15–20 Bällchen formen.

Die Bällchen in einer Pfanne mit etwas Öl von allen Seiten anbraten, herausnehmen und beiseitestellen.

Die dünn geschnittenen Möhren im selben Fett bei kleiner Hitze ca. 4 Minuten anschwitzen, mit Wasser ablöschen und etwa 5 Minuten leicht köcheln lassen. Anschließend die Sahne und die Erbsen hinzugeben und weitere 5 Minuten köcheln lassen.

Um die Sauce zu binden, die Speisestärke mit 4 Esslöffeln Flüssigkeit verrühren und in die Sauce einrühren. Den Schmelzkäse ebenfalls einrühren und die Hackbällchen zurück in die Pfanne geben.

Alles ca. 10 Minuten bei kleiner Hitze leicht köcheln lassen, ab und zu umrühren und mit Salz und Pfeffer abschmecken. Gehackte Petersilie über den Wikingertopf streuen.

Als Beilage passen Reis oder Kartoffeln sehr gut.

3 Personen

LASAGNE

4 Personen

Lasagne liebt doch wirklich jeder, oder?
Auch wenn die Vorbereitung etwas Zeit in Anspruch nimmt, es lohnt sich. Übrigens kann man Lasagne auch schon komplett vorbereiten und einfach nur noch in den Ofen schieben, wenn der Hunger kommt.

ZUTATEN

Für die Lasagne:

350 g Lasagneblätter ohne Vorkochen

500 g Crème fraîche

200 g Parmesan

1 Fleischtomate

Für die Sauce:

2 Scheiben durchwachsener Räucherspeck oder zwei dicke Scheiben Bacon

2 Zwiebeln

2 Knoblauchzehen

2 Möhren

2 Stangen Sellerie

Olivenöl

2 gehäufte TL getrockneter Oregano

500 g Hackfleisch (gemischt)

2 Dosen Tomaten in Stücken (je 400 g)

1 große Handvoll frisches Basilikum

50 g geriebener Parmesan

Salz, Pfeffer

Zunächst wird die Sauce zubereitet. Hierfür den Speck in kleine Würfel schneiden, die Zwiebeln, der Knoblauch, die Möhren und der Sellerie werden ebenfalls in kleine Würfel gehackt. Olivenöl in einer großen Pfanne erhitzen und den Speck zusammen mit dem Oregano unter Rühren goldbraun braten. Das zerkleinerte Gemüse hinzugeben und etwa 10 Minuten auf mittlerer Hitze anbraten, dabei ab und zu umrühren.

Nun das Hackfleisch hinzugeben und weiter braten, bis es krümelig ist, mit den Tomaten ablöschen und eine leere Tomatendose mit Wasser füllen und das Wasser ebenfalls hinzugeben. Alles mit einer kräftigen Prise Salz und Pfeffer würzen. Die Basilikumstiele fein hacken und unter die Sauce rühren. Alles auf niedriger Stufe zugedeckt ca. 1 Stunde köcheln lassen. Dabei gelegentlich umrühren.

Den Backofen auf 190 °C Umluft vorheizen.

Die Sauce vom Herd nehmen und den Parmesan unterrühren. Die Hälfte der Basilikumblätter klein zupfen und ebenfalls unterrühren.

Nun geht es ans Schichten: Hierfür den Boden einer ofenfesten Form mit einem Drittel der Sauce bedecken.

Eine Lage Lasagneblätter leicht überlappend darauf legen und mit einem Drittel der Crème fraîche überziehen. Je eine kräftige Prise Salz und Pfeffer und ein Viertel des geriebenen Parmesans darüberstreuen. In dieser Reihenfolgen noch zweimal schichten.

Die Tomate in Scheiben schneiden und mit den restlichen Basilikumblättern auf der Lasagne verteilen, den restlichen Parmesan darauf verteilen und alles mit Olivenöl beträufeln.

Im vorgeheizten Ofen 20 Minuten mit Alufolie bedeckt backen, dann die Alufolie entfernen und für weitere 35 Minuten backen, bis die Oberfläche goldbraun ist.

NUDEL-SCHINKEN-GRATIN

Nudeln, Schinken, Käse und eine cremige Sauce – wie schön kann es klingen? Dieses Rezept erfreut sich in meiner Community ganz besonderer Beliebtheit. Unbedingt ausprobieren!

2 Personen

ZUTATEN

250 g Penne
200 g gekochter Schinken
200 ml Sahne
100 ml Milch
500 ml Gemüsebrühe
1 Prise Zucker
Salz
Je ½ TL Pfeffer, Paprika (edelsüß) und Knoblauchpulver
1 Handvoll Schnittlauch
1 TL Tomatenmark
100 g Schmelzkäse
200 g Kräuterschmelzkäse
3 TL Speisestärke
200 g geriebener Emmentaler

Den Ofen auf 180 °C Umluft vorheizen.

Die ungekochten Nudeln mit dem in Würfel geschnittenen Schinken in einer Auflaufform verteilen.

Anschließend in einem Topf die Sahne, die Milch, die Gemüsebrühe, die Gewürze und den fein gehackten Schnittlauch miteinander verrühren und die Sauce aufkochen lassen. Das Tomatenmark und den Schmelzkäse in der Sauce glatt verrühren. Die Speisestärke mit 60 ml Wasser verrühren und die Sauce damit andicken.

Die Sauce über die Nudeln verteilen und den Käse darüberstreuen.

45 Minuten im Ofen garen und in den letzten 10 Minuten abdecken.

HACKBÄLLCHEN
TOSKANA

3 Personen

Für die Sauce:

1 Dose gehackte Tomaten (400 g)

3 EL Tomatenmark

200 ml Sahne

je 1 TL Oregano, Thymian, Rosmarin, Zucker oder Zuckerersatz

1 Handvoll frisches Basilikum (klein hacken)

Für die Bällchen:

500 g Rinderhackfleisch

Je 2 TL Oregano, Basilikum, Rosmarin, Thymian, Knoblauchpulver, Salz

Zum Überbacken:

1 Kugel Mozzarella zum Überbacken

Den Ofen auf 180 °C Umluft vorheizen.

Das Hackfleisch würzen und zu etwa 20 Bällchen formen. Die Hackbällchen in eine Auflaufform setzen.

Die gehackten Tomaten, das Tomatenmark und die Sahne mit den Gewürzen vermengen und über die Hackbällchen geben.

Für 30 Minuten in den Backofen geben und weitere 15 Minuten mit dem in Scheiben geschnittenen Mozzarella überbacken.

Als Beilage passen Nudeln oder Reis sehr gut.

WÜRSTCHEN-GULASCH

ZUTATEN

4 vorgebrühte Rostbratwürste
1 kleine Zwiebel
1 Paprika (rot)
1 Dose gehackte Tomaten (400 g)
2 EL Tomatenmark
200–300 ml Gemüsebrühe
140 g Mais (aus der Dose)
1 Prise Zucker
2 TL Paprika (edelsüß)
1 TL Curry
1 TL Knoblauchpulver
1 TL Chilipulver oder Cayennepfeffer
Salz, Pfeffer
1 EL Crème fraîche oder 125 g Crème légère

Die Würstchen in daumendicke Scheiben schneiden. Die Zwiebel fein hacken und die Paprika in kleine Stückchen schneiden.

Die Würstchenstücke in einem Topf mit etwas Öl anbraten. Zwiebel und Paprika hinzugeben und mit anbraten.

Gehackte Tomaten, Tomatenmark und Brühe dazugeben, dann den Mais und die Gewürze. Alles bei kleiner Hitze ca. 30 Minuten leicht köcheln lassen und ab und zu umrühren.

Zum Schluss mit Crème fraîche verfeinern und abschmecken.

Als Beilage passt Reis sehr gut.

2 Personen

LACHS-SAHNE-GRATIN

ZUTATEN

4 Lachsfilets (je 150 g)
1 Zwiebel
2 Knoblauchzehen
400 ml Sahne
1 EL Tomatenmark
3 TL Kräuter der Provence
1 TL Salz
1 TL Instant-Gemüsebrühe
½ TL Paprika (edelsüß)
½ TL Pfeffer
½ Schnapsglas Zitronensaft
1 gestrichenen TL Speisestärke
Etwas Öl zum Anbraten und zum Einfetten der Form

Den Ofen auf 180 °C Umluft vorheizen.

Die Lachsfilets in einer Pfanne mit etwas Öl von jeder Seite 1 Minute anbraten und anschließend in eine Auflaufform geben.

Die Zwiebel fein hacken, Knoblauch pressen und beides in derselben Pfanne glasig anschwitzen. Die Sahne, das Tomatenmark, die Gewürze und den Zitronensaft hinzugeben und kurz aufkochen lassen. Mit der Speisestärke die Sauce andicken und über den Lachs verteilen.

30 Minuten im Ofen überbacken.

Als Beilage passen Reis oder Bandnudeln sehr gut.

3-4 Personen

HACKFLEISCH-SCHAFSKÄSE-AUFLAUF

Die Zutaten erinnern ein bisschen an die von griechischer Moussaka, allerdings ist das Gratin doch nochmal einfacher in der Zubereitung, steht ihr im Geschmack aber nicht nach. Die zwei Sorten Käsen machen sich prima in diesem Gericht.

2 Personen

ZUTATEN

1 Aubergine
300 g Kartoffeln
300 g Rinderhackfleisch
1 Zwiebel
2 Knoblauchzehen
100 g Schafskäse
100 g geriebener Gouda

Für die Sauce:
250 ml Cremefine zum Kochen
200 ml Sahne
2 Knoblauchzehen
1 TL Thymian
1 Prise Muskatnuss
Je 1 TL Salz und Pfeffer

zusätzlich:
Etwas Öl zum Einfetten der Form

Die Aubergine in etwa 1 cm dicke Scheiben schneiden, mit etwas Salz bestreuen, damit die Bitterstoffe rausgehen, und stehen lassen. Die Kartoffeln in sehr dünne Scheiben hobeln.

Das Hackfleisch in einer Pfanne mit etwas Öl krümelig anbraten und mit Salz und Pfeffer würzen. Die klein gehackte Zwiebel sowie den gepressten Knoblauch kurz mit anbraten. Die abgetupften Auberginenscheiben vierteln und hinzugeben. Alles bei kleiner Hitze köcheln lassen.

Alle Zutaten für die Sauce vermengen, in die Pfanne geben und aufkochen lassen.

Die Kartoffelscheiben hinzugeben und unterrühren. Dabei darauf achten, dass alles mit Flüssigkeit bedeckt ist. Mit geschlossenem Deckel 15 Minuten leicht köcheln lassen.

Den Ofen auf 180 °C Umluft vorheizen.

Den Pfanneninhalt in eine gefettete Auflaufform geben. Den zerbröselten Schafskäse und den geriebenen Käse darüberstreuen und ca. 45 Minuten im Ofen überbacken. Darauf achten, dass der Käse nicht zu dunkel wird.

Als Beilage passt Reis sehr gut.

Leckeres AUS DEM OFEN

ZWIEBEL-SAHNE-HÄHNCHEN

ZUTATEN

500 g Hähnchenbrustfilet
Salz, Pfeffer
500 g Zwiebeln
200 ml Gemüsebrühe
200 ml Sahne
Etwas Öl zum Anbraten und zum Einfetten der Form

Den Ofen auf 200 °C Ober-/Unterhitze vorheizen.

Die Hähnchenbrustfilets in große Stücke schneiden. In einer Pfanne mit etwas Öl von beiden Seiten knusprig anbraten und gut mit Salz und Pfeffer würzen. Danach in eine gefettete Auflaufform geben.

In derselben Pfanne die in Streifen geschnittenen Zwiebeln ca. 5 Minuten bei kleiner Hitze in etwas Öl glasig anschwitzen. Mit Brühe und Sahne ablöschen, würzen, gut verrühren und 2–3 Minuten leicht köcheln lassen, anschließend über das Fleisch geben.

30 Minuten im Ofen garen.

Als Beilage passt Reis sehr gut.

2
Personen

OFEN-
GYROS

Kleiner Tipp: Wer es sich noch einfacher machen möchte, kann hierfür auch schon fertig mariniertes Gyros-Fleisch vom Metzger seines Vertrauens nehmen.

2–3 Personen

ZUTATEN

500 g Schweineschnitzel
2 TL Gyrosgewürz
1 Paprika (rot)
1 Zwiebel
1 EL Tomatenmark
200 ml Sahne
100 g Schmand
Je 1 TL Paprika (edelsüß) und Knoblauchpulver
150 g geriebener Emmentaler
Etwas Öl zum Einfetten der Form

Die Schweineschnitzel in dünne Streifen schneiden und mit dem Gyrosgewürz vermengen. Eine Stunde ziehen lassen.

Den Ofen auf 170 °C Umluft vorheizen.

Paprika und Zwiebel in feine Streifen schneiden, mit dem Fleisch vermengen und alles in eine gefettete Auflaufform geben.

Für die Sauce die Sahne mit dem Tomatenmark verrühren, den Schmand und die Gewürze hinzugeben. Die Sauce über das Fleisch gießen, sodass es gut bedeckt ist. Anschließend den Käse darüberstreuen.

35–40 Minuten im Ofen goldbraun überbacken.

Als Beilage passt Reis sehr gut.

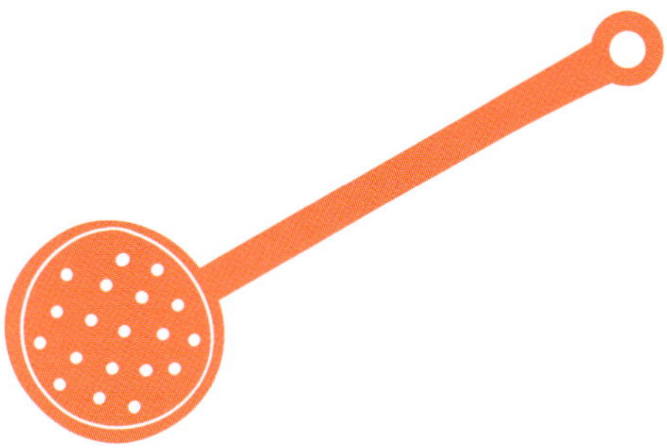

PAPRIKA-RAHM-SCHNITZEL

3 Personen

800 g Schweineschnitzel
2–3 Paprika (rot, gelb)
1 Zwiebel
1 EL Butter oder Öl
1 gehäufter EL Mehl
150 ml Gemüsebrühe (mit dreifacher Menge Pulver)
200 ml Sahne
1 EL Tomatenmark
Salz, Pfeffer
2 EL Paprikapulver (edelsüß)
1 EL Paprikapulver (rosenscharf)

Den Ofen auf 180 °C Umluft vorheizen.

Die Paprika in dünne Streifen und die Zwiebel in feine Ringe schneiden. Beides in einer Pfanne mit etwas Butter bei mittlerer Hitze etwa 5 Minuten andünsten. Das Mehl hinzufügen und verrühren.

Das Gemüse mit Brühe und Sahne ablöschen und das Tomatenmark unterrühren. Mit Salz, Pfeffer und Paprikapulver würzen und kurz aufkochen lassen.

Die Schnitzel in eine flache, leicht gefettete Auflaufform geben und mit der Paprika-Zwiebel-Sauce übergießen.

25 Minuten im Ofen überbacken

Als Beilage passen Kartoffeln sehr gut.

SCHINKEN-HACKFLEISCH-RÖLLCHEN

ZUTATEN

600 g Rinderhackfleisch

Je 1 TL Oregano, Basilikum, Rosmarin, Thymian, Knoblauchpulver

Salz, Pfeffer

10 große Scheiben Kochschinken

200 g geriebener Gouda

Für die Sauce:

1 Dose gehackte Tomaten (400 g)

2 EL Tomatenmark

100 ml Gemüsebrühe

200 ml Sahne

Je 1 TL Oregano, Thymian, Rosmarin, Zucker oder Zuckerersatz, Paprika (edelsüß), Knoblauchpulver

Etwas Öl zum Anbraten

Das Hackfleisch mit den Gewürzen gut verkneten, daraus zehn Röllchen formen und jeweils mit einer Scheibe Schinken umwickeln.

Alle Röllchen nebeneinander in eine gefettete Auflaufform legen.

Den Ofen auf 180 °C Umluft vorheizen.

Für die Sauce eine Zwiebel fein hacken und in etwas Öl in einer Pfanne glasig anschwitzen. Die weiteren Zutaten hinzugeben. Bei niedriger Hitze etwa 5 Minuten köcheln lassen.

Die heiße Sauce über die Schinken-Hackfleisch-Röllchen geben und mit Käse bestreuen.

Etwa 20–25 Minuten im Ofen überbacken.

2–3
Personen

JÄGER-SAHNE-SCHNITZEL

Perfekt für alle, die sich gern ein Jäger-Schnitzel im Restaurant bestellen. Bei dem Rezept erledigt der Ofen das meiste für Euch. Wie wäre es mit ein paar Pommes dazu?

3 Personen

ZUTATEN

3 Schweineschnitzel (insgesamt ca. 700–800 g)
Salz, Pfeffer
250 g Champignons
½ TL Knoblauchpulver oder 1 gepresste Knoblauchzehe
1 gestrichener EL Mehl
200 ml Sahne
200 ml Milch
1 TL Thymian
1 TL Rosmarin
Etwas Öl zum Anbraten

Die Schnitzel von beiden Seiten salzen und pfeffern und in eine gefettete Auflaufform geben.

Den Ofen auf 180 °C Umluft vorheizen.

Die Pilze in Scheiben schneiden und in einer Pfanne mit etwas Öl anbraten. Den Knoblauch hinzugeben, mit dem Mehl bestäuben und verrühren.

Mit der Sahne und der Milch ablöschen, Gewürze hinzugeben und umrühren und noch ein paar Minuten kochen lassen. Die Champignon-Sauce über das Fleisch geben.

25–30 Minuten im Backofen überbacken.

KRÄUTER-RAHM-HÄHNCHEN

2 Personen

2 Hähnchenbrustfilets (insgesamt ca. 500–600 g)

200 ml Sahne

100 ml Wasser

100 g Schmand

Salz, Pfeffer

½ TL Knoblauchpulver oder 1 gepresste Knoblauchzehe

1 Handvoll frische, glatte Petersilie

1 Handvoll Schnittlauch

Etwas Öl zum Anbraten

Die Hähnchenbrüste in jeweils zwei dünne Schnitzel schneiden.

Das Hähnchen im heißen Öl von beiden Seiten anbraten, bis es Farbe annimmt. Von beiden Seiten salzen und pfeffern und aus der Pfanne nehmen.

Die Sahne mit dem Wasser und dem Schmand in die Pfanne geben und unter Rühren aufkochen. Mit Salz, Pfeffer und dem Knoblauch würzen. Zwei Drittel der gehackten Kräuter einrühren.

2–3 Minuten bei kleiner Hitze kochen lassen, dann das Hähnchen in die Sauce legen und weitere 10 Minuten bei mittlerer Hitze kochen lassen.

Mit den restlichen Kräutern servieren.

Als Beilage passen Reis oder Bandnudeln sehr gut.

SEELACHS IN KRÄUTERSAHNE

ZUTATEN

Je ½ Bund Schnittlauch und Petersilie
800 g Seelachs
200 ml Sahne
50 g Crème fraîche
50 ml Wasser
1 TL Instant-Gemüsebrühe
Salz, Pfeffer
Etwas Öl zum Anbraten

Den Schnittlauch in Röllchen schneiden und die Petersilie fein hacken.

Den Ofen auf 170 °C Umluft vorheizen und eine Auflaufform fetten und bereitstellen.

Den Seelachs in einer Pfanne mit etwas Öl von beiden Seiten kurz anbraten, bis er ein kleines bisschen Farbe annimmt, salzen und dann in die Auflaufform geben.

Sahne, Crème fraîche und Wasser mit der Instant-Gemüsebrühe und der Hälfte der Kräuter in der Pfanne 5–6 Minuten einkochen lassen und mit Salz und Pfeffer abschmecken.

Die Sauce über den Fisch verteilen.

25 Minuten im Ofen überbacken und anschließend die restlichen frischen Kräuter darüberstreuen.

Als Beilage passt Reis sehr gut.

2–3 Personen

Die leckere Kräuter-Sahne-Sauce macht den sonst eher etwas „langweiligen" Seelachs zu einem absoluten Gaumenschmaus. Wir essen ihn am liebsten mit Reis und einem frisch gemachten Gurkensalat.

GRATINIERTE SCHWEINE-MEDAILLONS

Champignons, zartes Schweinefilet, Sahnesauce und dann noch mit Käse überbacken? Einfach nur „Ja". Das Gericht ist so lecker. Bitte nicht auf die Idee kommen, den Käse wegzulassen …

2–3 Personen

ZUTATEN

1 Schweinefilet (ca. 600 g)
1 Zwiebel
Etwas frische Petersilie
250 g Champignons (braun)
Salz, Pfeffer
1 EL Mehl
200 ml Sahne
200 ml Wasser
100 g geriebener Gouda
1 TL Instant-Gemüsebrühe
Je ½ TL Paprika (edelsüß), Rosmarin, Thymian, Knoblauchpulver
Etwas Öl zum Anbraten

Das Schweinefilet in sechs Medaillons schneiden.

Die Zwiebel und die Petersilie fein hacken und die Champignons in Scheiben schneiden.

Den Ofen auf 170 °C Umluft vorheizen.

Die Medaillons in einer Pfanne von beiden Seiten je 1–2 Minuten mit etwas heißem Öl scharf anbraten, salzen und pfeffern und dann in eine gefettete Auflaufform setzen.

In der gleichen Pfanne die Pilze mit den Zwiebeln anbraten, mit Mehl bestäuben und weitere 2 Minuten braten. Mit Wasser und Sahne aufgießen, Instant-Gemüsebrühe und Gewürze hinzufügen, alles verrühren und 3–4 Minuten einkochen lassen, bis die Sauce andickt.

Die Champignon-Sauce über die Medaillons geben und den geriebenen Käse darauf verteilen.

20–25 Minuten im Ofen überbacken.

Zum Schluss mit gehackter Petersilie garnieren.

Als Beilage passen Kartoffeln sehr gut.

Schnelles aus Topf und Pfanne

CHILI CON CARNE

ZUTATEN

500 g Rinderhackfleisch
2 Zwiebeln
2 Paprikaschoten (gelb, rot)
Paprikapulver (edelsüß)
Salz, Pfeffer
1 frische scharfe Chilischote
Chiligewürz
1 Dose Mais (285 g)
2 Dosen Kidneybohnen (je 255 g Abtropfgewicht)
1 Schuss Salsa-Sauce
Etwas Öl zum Anbraten

Das Hackfleisch in einem Topf mit etwas Öl krümelig anbraten und dann die gewürfelten Zwiebel und Paprika hinzugeben. Die Gewürze sowie die klein geschnittene Chilischote hinzugeben.

Mit Wasser ablöschen, bis alles bedeckt ist.

Die Chilischote im Ganzen mit in den Topf geben.

Bei niedriger Temperatur im geschlossenen Topf 20 Minuten kochen lassen.

Mais und Kidneybohnen ebenfalls in den Topf geben und so viel Wasser aufgießen, dass alles leicht bedeckt ist. Die Salsa-Sauce hinzufügen.

30–40 Minuten kochen lassen und bei Bedarf nachwürzen. Vor dem Servieren die Chilischote herausnehmen.

Als Beilage passen Reis oder Baguette sehr gut.

2 Personen

BAUERNTOPF MIT HACKFLEISCH

ZUTATEN

2 Zwiebeln
6 mittelgroße Kartoffeln
2 Paprikaschoten (rot, grün)
500 g Hackfleisch (gemischt)
2 l Gemüsebrühe
1 Dose gehackte Tomaten
Chilipulver
Paprikapulver (edelsüß)
Salz, Pfeffer
4 Cabanossis oder Mettwürstchen
1 Dose Mais (285 g)
1 Glas Sauerkraut (400 g)
1 Becher Crème fraîche
Etwas Öl zum Anbraten

Zwiebeln, Kartoffeln und Paprika in kleine Stücke schneiden.

Das Hackfleisch in einem Topf mit etwas Öl krümelig anbraten. Zwiebeln, Paprika und Kartoffeln hinzugeben und weiter braten.

Mit Gemüsebrühe und den Tomaten ablöschen und aufkochen lassen. Gut würzen und eine halbe Stunde mit geschlossenem Deckel leicht kochen lassen.

Die Cabanossis in Stücke schneiden, mit dem Mais und dem Sauerkraut in den Eintopf geben und weiter kochen lassen.

Wenn alles gut eingekocht ist, den Topf vom Herd nehmen und Crème fraîche unterrühren.

3-4
Personen

HACK-REIS-TOPF

2–3 Personen

3 Paprika (rot, gelb, grün)
1 Zwiebel
500 g Hackfleisch (gemischt)
Salz, Pfeffer
1 EL Tomatenmark
1 Dose gehackte Tomaten (400 g)
100 ml Gemüsebrühe
Paprika (edelsüß), Oregano
1–2 TL Knoblauchgranulat
250 g Reis
Frische Petersilie
Etwas Öl zum Anbraten

Die Paprika in kleine Stücke schneiden und die Zwiebel fein hacken.

Das Hackfleisch in einem Topf mit etwas Öl anbraten, salzen und pfeffern, dann Paprika und Zwiebel 5 Minuten mit anbraten und das Tomatenmark einrühren. Anschließend die gehackten Tomaten und die Gemüsebrühe sowie die Gewürze hinzugeben.

Etwa 20 Minuten bei niedriger Hitze kochen lassen, bis die Paprika weich ist.

In der Zwischenzeit den Reis kochen und anschließend untermengen. Mit gehackter Petersilie bestreuen.

Als Beilage passen Kartoffeln sehr gut.

SCHNITZELTOPF
MIT SPÄTZLE

ZUTATEN

400 g Schnitzel (Pute oder Schwein)
2 Zwiebeln
1 Knoblauchzehe
200 g Champignons
500 ml Gemüsebrühe
200 ml Sahne
Salz, Pfeffer
250 g Spätzle
Frische Petersilie
Etwas Öl zum Anbraten

Das Fleisch in einer heißen Pfanne mit etwas Öl von allen Seiten anbraten.

Die Zwiebeln in Streifen schneiden, den Knoblauch pressen und die Champignons in Scheiben schneiden. Alles hinzugeben und mit anbraten.

Gemüsebrühe und Sahne hinzufügen, umrühren, salzen und pfeffern und mit geschlossenem Deckel 20 Minuten bei mittlerer Hitze kochen lassen. Ab und zu umrühren und zum Schluss abschmecken.

Mit gehackter Petersilie und Spätzle anrichten.

2–3 Personen

Auch dieses Rezept durfte in meinem Buch nicht fehlen! Wenn Ihr genug Zeit einplant, dann könnt Ihr natürlich auch selbstgemachte Spätzle für das Gericht nehmen, aber es schmeckt auch so schon herrlich.

CAMPER-TOPF

MIT BRATWURST

Auch dieses Gericht könnte die perfekte Resteverwertung für übriggebliebene Grillwürstchen sein. Tatsächlich kommt es auch vom Ursprung her aus der Camping Küche, man schaute am Ende des Urlaubs, was noch an Zutaten oder Resten da war und heraus kam dann eben der Camper-Topf.

2 Personen

ZUTATEN

400 g Bratwurst
350 g Champignons (braun)
1 Zwiebel
2 Paprika (rot)
1 TL Tomatenmark
200 ml Sahne
1 TL Ajvar
50 g Schmelzkäse
Salz, Pfeffer
Etwas Öl zum Anbraten

Die Bratwurst in Scheiben schneiden und in einer Pfanne mit etwas Öl anbraten, bis die Bratwurststücke gut Farbe angenommen haben.

Herausnehmen und im selben Fett die in dicke Scheiben geschnittenen Champignons anbraten und danach ebenfalls herausnehmen.

Die Zwiebel in Streifen schneiden und die Paprika in kleine Stücke. Beides bei kleiner Hitze in der Pfanne braten, bis alles etwas weich ist. Dann das Tomatenmark unterrühren.

Die Würstchen und Pilze wieder hinzugeben und Sahne, Ajvar und Schmelzkäse untermengen. Mit Salz und Pfeffer abschmecken und weitere 10 Minuten kochen lassen.

Als Beilage passt Reis sehr gut.

CURRY-GESCHNETZELTES

2 Personen

500 g Hähnchenbrust
Salz, Pfeffer
1 kleine Zwiebel
200 ml Sahne
200 ml Wasser
2–3 TL Currypulver
2 TL Speisestärke
Etwas Öl zum Anbraten

Das Fleisch in Streifen schneiden und in einer Pfanne mit etwas Öl von allen Seiten anbraten. Mit Salz und Pfeffer würzen.

Die Zwiebel in Würfel schneiden, kurz mit anbraten und mit Wasser und Sahne ablöschen.

Das Currypulver einrühren und 5 Minuten kochen lassen. Speisestärke in kaltem Wasser auflösen, in die Sauce einrühren, kurz aufkochen lassen, bis es andickt.

Als Beilage passt Reis sehr gut.

HOLZFÄLLER-TOPF

Richtig schön deftig und perfekt, wenn es draußen kälter wird. Durch die Kartoffeln habt Ihr ein leckeres, sehr sättigendes Gericht, da die Beilage quasi schon mit im Topf zubereitet wird.

3 Personen

ZUTATEN

400 g Schweinegulasch
1 Zwiebel
100 g Bacon
800–1000 g Kartoffeln
200 ml Sahne
200 ml Gemüsebrühe
1 TL Thymian
1 Handvoll frische glatte Petersilie
Salz, Pfeffer
Etwas Öl Zum Anbraten

Die Fleischwürfel in einer Pfanne mit etwas Öl von allen Seiten scharf anbraten und anschließend herausnehmen. Die Zwiebel in Ringe schneiden, im restlichen Fett zusammen mit den Speckstreifen anbraten und ebenfalls herausnehmen.

Die Kartoffeln in Würfel schneiden und 10 Minuten bei kleiner Hitze von allen Seiten anbraten, dabei immer wieder wenden.

Das Fleisch, Zwiebeln und den Bacon wieder mit in die Pfanne geben, alles vermengen und noch weitere 5 Minuten braten.

Sahne, Brühe, Thymian und die Hälfte der gehackten Petersilie hinzugeben, mit Salz und Pfeffer würzen und mit geschlossenem Deckel etwa 15–20 Minuten bei niedriger Hitze kochen lassen, bis die Kartoffeln gar sind. Die letzten 5 Minuten offen kochen lassen, damit die Flüssigkeit reduziert.

Zum Schluss mit Salz und Pfeffer abschmecken und die restliche Petersilie darübergeben.

PUTEN-PAPRIKA-GESCHNETZELTES

2 Personen

1 große Paprika (rot)
1 mittelgroße Zwiebel
400 g Putenbrust
1 EL Tomatenmark
200 ml Sahne
Salz, Pfeffer
2 TL Paprika (edelsüß)
Je ½ TL Rosmarin und Thymian
Je 1 Prise Cayennepfeffer und Muskat
Etwas Öl zum Anbraten

Paprika und Zwiebel in schmale Streifen schneiden und die Putenbrust fein würfeln.

Die Fleischwürfel in einer Pfanne in etwas Öl von allen Seiten scharf anbraten, salzen und pfeffern. Zwiebel und Paprika ebenfalls in die Pfanne geben und 2–3 Minuten mit anbraten, Tomatenmark einrühren und mit der Sahne aufgießen.

Die Gewürze hinzugeben und bei kleiner Hitze 5–7 Minuten kochen lassen. Ab und zu umrühren.

Als Beilage passt Reis sehr gut.

KÖTTBULLAR
IN SAHNE

ZUTATEN

1 Zwiebel
1 altes Brötchen
80 ml Milch
1 Ei
1 Handvoll gehackte Petersilie
500 g Rinderhackfleisch
1 EL Mehl
250 ml Rinderbrühe
150 ml Sahne
½ TL Piment
½ TL Ingwerpulver
Salz, Pfeffer
Etwas Öl zum Anbraten

Die Zwiebel fein hacken und in einer Pfanne mit etwas Öl anbraten, dann leicht abkühlen lassen. Die Pfanne mit dem restlichen Öl zur Seite stellen.

Währenddessen das Brötchen in der Milch mit dem Ei und der Petersilie einweichen lassen.

Das Hackfleisch mit den Zwiebeln, Salz und Pfeffer gut verkneten. Zu tischtennisballgroßen Bällchen formen und 20 Minuten kühl stellen.

Die Bällchen anschließend im Zwiebelfett von allen Seiten 10 Minuten knusprig anbraten und aus der Pfanne nehmen.

Etwa 1 EL Butter im Bratfett schmelzen, das Mehl schnell einrühren und die Brühe und Sahne unter ständigem Rühren hinzugeben. Aufkochen lassen, ein wenig salzen, die Bällchen wieder in die Pfanne geben und noch 5 Minuten bei mittlerer Hitze kochen lassen.

Als Beilage passen Kartoffeln sehr gut.

2–3
Personen

HACKFLEISCH

NACH JÄGER-ART

3 Personen

500 g Rinderhackfleisch
400 g Champignons (braun)
1 Schuss Weinbrand
200 ml Sahne
150 g Speckwürfel
150 g Crème fraîche
1 Zwiebel
1 EL Butter
Salz, Pfeffer
1 Handvoll Schnittlauch
1 Handvoll Petersilie

Den Ofen auf 180 °C Umluft vorheizen.

Das Hackfleisch in einer Pfanne in der Hälfte der Butter krümelig anbraten, salzen und pfeffern, gehackte Zwiebel, Speckwürfel und die halbierten Champignons hinzugeben.

Mit Weinbrand und Sahne ablöschen.

Crème fraîche und die frisch gehackten Kräuter unterrühren und nochmals abschmecken.

20–25 Minuten im Ofen überbacken

Zum Schluss mit gehackter Petersilie und Schnittlauch garnieren.

Als Beilage passt Reis sehr gut.

Pasta GEHT IMMER

PENNE
BELLA ITALIA

ZUTATEN

300 g Penne
250 g Rinderhackfleisch
1 Zwiebel
1 Knoblauchzehe
Salz, Pfeffer
1 Prise Zucker
½ TL Paprika (edelsüß)
2 EL Tomatenmark
1 gute Handvoll Kirschtomaten
2 gute Handvoll Rucola
70 g Parmesan (grob gerieben)
Etwas Öl zum Anbraten

Die Nudeln nach Packungsanweisung kochen. In der Zwischenzeit das Hackfleisch, die gehackte Zwiebel und den gepressten Knoblauch in einer Pfanne mit etwas Öl anbraten.

Mit Salz, Pfeffer, Zucker und Paprika würzen und das Tomatenmark und die Kirschtomaten untermengen.

Die Nudeln direkt aus dem Topf mit etwas Nudelwasser zu dem Hackfleisch in die Pfanne geben und untermengen.

Kurz vor dem Servieren die Pfanne vom Herd nehmen und den Rucola und den Parmesan unterheben.

2–3
Personen

GEBRATENE NUDELN
MIT HÄHNCHEN

2 Personen

250 g Hähnchengeschnetzeltes
6 EL Sojasauce
Je 1 TL Paprika (edelsüß), Knoblauchpulver, Curry, Kurkuma, Zucker
½ TL Salz
4 Frühlingszwiebeln
2 mittelgroße Möhren
150 g Mie-Nudeln oder dünne Spaghetti
Etwas Öl zum Anbraten

Das Fleisch in 1 EL Sojasauce marinieren und zur Seite stellen.

Die restliche Sojasauce mit den Gewürzen vermengen.

Das Frühlingszwiebeln in feine Ringe und die Möhren in Streifen schneiden. Einige Frühlingszwiebeln für die Garnitur beiseitestellen.

Das Fleisch in einer Pfanne mit etwas Öl anbraten und anschließend das Gemüse und die Frühlingszwiebel mit anbraten.

In der Zwischenzeit die Mie-Nudeln nach Packungsanweisung kochen, abgießen und zusammen mit der Sojasauce zu dem Gemüse in die Pfanne geben. Gut rühren, bis sich alles gut vermischt hat.

Mit ein paar Frühlingzwiebelringen bestreuen und servieren.

3
Personen

OFEN-MAKKARONI
ALLA MAMMA

ZUTATEN

250 g kurze Makkaroni
250 g Rinderhackfleisch
Salz, Pfeffer
2 EL Tomatenmark
200 ml passierte Tomaten
600–700 ml Gemüsebrühe
Je 1 TL Oregano, Majoran, Thymian
125 g Crème fraîche
100 g geriebener Gouda

Den Ofen auf 180 °C Umluft vorheizen und die ungekochten Nudeln in eine Auflaufform geben.

Das Hackfleisch in einer Pfanne mit etwas Öl anbraten, mit Salz und Pfeffer würzen, das Tomatenmark kurz mit anschwitzen und dann alles mit den passierten Tomaten und der Brühe ablöschen.

Die restlichen Gewürze hinzufügen, noch mal kurz aufkochen lassen und die Crème fraîche unterrühren. Die Hackfleischsauce über die Nudeln verteilen und mit Käse bestreuen.

Die Ofen-Makkaroni zunächst abgedeckt ca. 20 Minuten in den Ofen geben und für weitere 5–10 Minuten goldbraun überbacken.

PAPRIKA-MAIS-NUDELN
MIT HÄHNCHEN

ZUTATEN

200 g Hähnchenbrust
1 große Paprika (rot)
Salz, Pfeffer
1 kleine Dose Mais (140 g Abtropfgewicht)
1 TL Tomatenmark
180 g Frischkäse (natur)
180 ml Milch
1 gehäufter TL Instant-Gemüsebrühe
250 g Penne
Etwas Öl zum Anbraten

Die Hähnchenbrust in Streifen schneiden und die Paprika in kleine Stücke.

Die Hähnchenbruststreifen in einer Pfanne mit etwas Öl von allen Seiten anbraten, mit etwas Salz und Pfeffer würzen, die Paprikastücke hinzugeben und bei mittlerer Hitze ca. 5 weitere Minuten mit anbraten. Die restlichen Zutaten nach und nach dazugeben und verrühren.

Die Nudeln nach Packungsanweisung kochen, abgießen und mit etwas Nudelwasser in die Pfanne geben und untermengen.

Zum Schluss noch mal mit Salz und Pfeffer abschmecken und servieren.

Die ursprüngliche Fix-Tüte zu diesem Gericht gibt es nicht mehr im Sortiment, macht nichts, wir können sie ja jetzt ganz einfach selbst machen. Und das Gericht ist so lecker cremig. Unbedingt mal probieren, auch wenn Ihr das Original-Tütchen gar nicht kennt.

2 Personen

LACHS-SPINAT-LASAGNE

ZUTATEN

1 Packung Rahmspinat (450 g)
200 ml Sahne
Salz, Pfeffer
Muskat
Knoblauchpulver
450 g Lachsfilet
6 Lasagneplatten (ohne Vorkochen)
125 g Crème fraîche
100 g geriebener Emmentaler

Den Ofen auf 180 °C Umluft vorheizen.

Den Spinat mit der Sahne und den Gewürzen kurz aufkochen lassen.

Den Lachs in etwa 30–40 Stückchen schneiden.

Ein Drittel der Spinatsauce in eine gefettete Auflaufform geben und die Hälfte der Lachsstückchen darauf verteilen.

Drei Lasagneplatten darauflegen und das Ganze noch mal wiederholen.

Das restliche Drittel Spinat zuletzt verteilen, dann die mit Salz und Pfeffer gewürzte Crème fraîche darübergeben und mit Käse bestreuen.

Mit Alufolie abdecken und 20 Minuten im Ofen garen. Danach weitere 25–30 Minuten ohne Abdeckung goldbraun überbacken.

2
Personen

2 Personen

HACK-LAUCH-PFANNE
MIT NUDELN

ZUTATEN

1 Stange Lauch oder
1 Bund Frühlingszwiebeln
300 g Rinderhackfleisch
6 Ecken Schmelzkäse
Ca. 400–500 ml Wasser
Ca. 1 TL Instant-Gemüsebrühe
Salz, Pfeffer
250 g Bandnudeln
Etwas Öl zum Anbraten

Lauch bzw. Frühlingszwiebeln in dünne Ringe schneiden.

Das Hackfleisch in einer Pfanne mit etwas Öl anbraten, dann den Lauch hinzugeben.

Den Schmelzkäse und die Gewürze einrühren, die ungekochten Nudeln dazugeben und mit Wasser aufgießen, sodass die Nudeln bedeckt sind.

Umrühren und mit geschlossenem Deckel ca. 15–20 Minuten bei mittlerer Hitze leicht kochen lassen. Dabei eventuell etwas Wasser nachgießen, bis die Nudeln gar sind.

Zum Schluss mit Salz und Pfeffer abschmecken.

mit Liebe gemacht

OFEN-TORTELLONI ALLA PANNA

3–4 Personen

500 g Tortelloni (aus dem Kühlregal)
150 g Kochschinken
200 ml Milch
200 ml Sahne
200 ml Gemüsebrühe
50 g Schmelzkäse
Salz, Pfeffer
1 TL Knoblauchpulver
Gehackte Petersilie
2 TL Speisestärke
200 g geriebener Emmentaler

Den Ofen auf 180 °C Umluft vorheizen.

Die Tortelloni in einer gefetteten Auflaufform verteilen, den Schinken würfeln und mit den Nudeln vermengen.

Milch, Sahne, Gemüsebrühe und Schmelzkäse in der Pfanne erhitzen, leicht zum Kochen bringen und etwa 3–4 Minuten einkochen lassen. Mit Salz, Pfeffer, Knoblauchpulver und etwas gehackter Petersilie gut würzen. Speisestärke in kaltem Wasser auflösen, in die Sauce einrühren, kurz aufkochen lassen, bis es andickt.

Anschließend die Sauce über die Tortelloni verteilen und den Käse darüberstreuen.

15–20 Minuten im Ofen überbacken.

BOLOGNESER TOPF
MIT CHAMPIGNONS

Eine superleckere One Pot Pasta, hier wird einfach Step by step alles in ein und derselben Pfanne zubereitet - total praktisch!

2 Personen

ZUTATEN

- 250 g Hackfleisch (gemischt)
- 1 Zwiebel
- 1 Knoblauchzehe
- 250 g Champignons
- Je 1 TL Salz, Basilikum, Oregano, Thymian, Paprika (edelsüß)
- 1 TL Instant-Gemüsebrühe
- 1 Dose gehackte Tomaten (400 g)
- 250 g Penne
- 400 ml Wasser
- 200 ml Sahne
- Etwas Öl zum Anbraten

Das Hackfleisch in einer Pfanne mit etwas Öl krümelig anbraten. Zwiebel und Knoblauch fein hacken und ebenfalls mit anbraten. Champignons in Scheiben schneiden und zu dem Hackfleisch in die Pfanne geben. Die Gewürze und die Tomaten unterrühren, dann die ungekochten Nudeln in die Pfanne geben und mit dem Wasser aufgießen.

Alles zum Kochen bringen und mit geschlossenem Deckel bei kleiner Hitze leicht kochen lassen. Ab und zu umrühren, damit nichts anbrennt.

Nach etwa 7–8 Minuten die Sahne hinzufügen, den Deckel wieder auflegen und noch mal ca. 8 Minuten kochen, bis die Nudeln gar sind.

2–3 Personen

GRIECHISCHER
NUDEL-HACK-AUFLAUF

ZUTATEN

300 g Rinderhackfleisch
200 g Zucchini
½ Tube Tomatenmark
400 ml Wasser
Salz, Pfeffer, Oregano, Knoblauchpulver
100 g Crème fraîche
300 g Penne
150 g Schafskäse
Etwas Öl zum Anbraten

Den Ofen auf 200 °C Ober-/Unterhitze vorheizen.

Das Hackfleisch in einer Pfanne mit etwas Öl krümelig anbraten und mit Salz und Pfeffer würzen. Die Zucchini in Scheiben schneiden und ebenfalls mit anbraten.

Tomatenmark, Wasser und die Gewürze einrühren und bei niedriger Hitze leicht kochen lassen. Anschließend die Crème fraîche unterrühren.

In der Zwischenzeit die Nudeln kochen, abgießen und in eine gefettete Auflaufform geben, mit der Hackfleischsauce vermengen und mit dem Schafskäse bestreuen.

10 Minuten im Ofen überbacken.

Snacks UND BEILAGEN

ZUCCHINI-PFANNE
TOSKANA

Für
4 Personen
als Beilage

3 Zucchini (ca. 500–600 g)
2 Tomaten
400 g passierte Tomaten
½ Zitrone
1 EL Tomatenmark
Je 1 TL Oregano, Basilikum, Thymian
Salz, Pfeffer
1 Prise Zucker
50 g geriebener Parmesan
Etwas Öl zum Anbraten

Die Zucchini in dicke Stifte schneiden und die Tomaten fein würfeln.

Das Öl in der Pfanne erhitzen und die Zucchinistifte darin anbraten, bis sie rundherum etwas Farbe genommen haben. Gut salzen.

Tomatenwürfel, die passierten Tomaten, den Saft der halben Zitrone und das Tomatenmark hinzugeben. Kräuter und die Prise Zucker einrühren und das Gemüse etwa 10–15 Minuten ohne Deckel leicht kochen lassen, bis die Zucchini weich ist.

Zum Schluss mit Salz und Pfeffer abschmecken und den Parmesan über die fertige Pfanne geben.

Als Beilage passen Nudeln oder Reis sehr gut.

Für 4 Personen als Beilage

REISPFANNE
DJUVEC-ART

ZUTATEN

1 kleine Zwiebel
1 Knoblauchzehe
1 Paprika (rot)
2 mittelgroße Tomaten
1 EL Olivenöl
200 g Langkornreis
400 ml Gemüsebrühe
50 g Ajvar
50 g Tomatenmark
100 g Erbsen und/ oder Mais aus der Dose
Salz, Pfeffer

Zwiebel und Knoblauch fein hacken, Tomaten und Paprika klein würfeln.

Die Zwiebeln, den Knoblauch und die Paprika in einem Topf mit dem Olivenöl etwa 5 Minuten anschwitzen.

Anschließend den Reis und die Tomaten hinzugeben und ebenfalls kurz anschwitzen.

Alles mit der Gemüsebrühe ablöschen, Ajvar und Tomatenmark einrühren und die Reispfanne bei geschlossenem Deckel ca. 20 Minuten bei kleiner Hitze leicht kochen lassen. Regelmäßig umrühren, damit nichts am Topfboden kleben bleibt.

Wenn der Reis nach ca. 20 Minuten fast gar ist, die Erbsen und/oder den Mais hinzugeben und noch 5 Minuten garen.

Zum Schluss den Djuvec-Reis mit Salz und Pfeffer abschmecken.

KARTOFFEL-GRATIN

ZUTATEN

800 g Kartoffeln
400 ml Sahne
50 g Schmelzkäse
1 Knoblauchzehe
1 gute Prise Salz und Pfeffer
100 g geriebener Parmesan
Etwas Öl für die Form

Die Kartoffeln schälen und in ca. 0,5 cm dünne Scheiben schneiden oder hobeln.

Den Ofen auf 180 °C Umluft vorheizen und eine Auflaufform einfetten.

Sahne, Schmelzkäse, gepresster Knoblauch, Salz und Pfeffer in einem Topf zum Kochen bringen. Die Kartoffelscheiben hineingeben und 5 Minuten leicht kochen lassen.

Anschließend den geriebenen Parmesan untermengen, schmelzen lassen und alles in eine gefettete Auflaufform füllen.

Etwa 30–35 Minuten im Ofen überbacken.

3-4 Personen

Ich glaube, ich habe an keinem der Rezepte so lange herumgefeilt, wie an diesem Kartoffel-Gratin. Was da so alles schiefgehen kann: Kartoffeln noch zu roh, zu wenig Sauce, Kartoffeln zu weich ... ich hab' alles für Euch durchgespielt. So, wie er hier festgehalten ist, ist er perfekt.

CURRYSAUCE FÜR CURRYWURST

ZUTATEN

250 ml Cola
2 TL Currypulver
300 ml Tomatenketchup
1 TL Tabasco
2 TL Worcestersauce
1 TL Zitronensaft
1 Prise Salz
1 Prise Zucker

Die Cola unter ständigem Rühren bei hoher Hitze einkochen lassen, bis noch ca. 50 ml Flüssigkeit übrig bleiben.

Die restlichen Zutaten hinzufügen, kurz aufkochen lassen und abschmecken.

Nach ewigen Zeiten habe ich mich dann auch mal von meiner Lieblings-Fertigsauce getrennt und einfach eine Currysauce selbst gemacht. Gottseidank hab' ich es gewagt, denn diese schmeckt mir noch um Längen besser.

4 Portionen Currywurst

GEFÜLLTE CHAMPIGNONS

2–3 Personen

600 g Riesen-Champignons
250 g Rinderhackfleisch
100 g Kräuterfrischkäse
1 TL Senf
200 ml Sahne
50 g geriebener Gouda
Salz, Pfeffer
Etwas Öl zum Anbraten

Die Pilze putzen, die Stiele herausbrechen und die Pilzköpfe mit einem kleinen Löffel vorsichtig aushöhlen. Die Stiele klein hacken und zur Seite legen.

Den Ofen auf 170 °C Umluft vorheizen.

Für die Füllung das Hackfleisch in einer Pfanne mit etwas Öl anbraten und den Frischkäse sowie den Senf untermengen.

Die ausgehöhlten Pilze in eine gefettete Auflaufform setzen und die Füllung darin verteilen.

Nun in der Pfanne die Sahne erhitzen und kurz aufkochen lassen, gut umrühren, damit sich die Sahne mit den Resten aus der Pfanne verbindet. Die Sauce mit Salz und Pfeffer würzen und über den Champignons verteilen. Darauf den geriebenen Käse verteilen.

30 Minuten im Ofen überbacken.

SPARGEL-SCHINKEN-RÖLLCHEN

ZUTATEN

500 g Spargel

5 große Scheiben gekochter Schinken

200 ml Sahne

100 ml Milch

1 TL Instant-Gemüsebrühe

Je eine Prise Paprika, Chili, Knoblauchpulver und Kurkuma (für die Farbe)

100 g geriebener Emmentaler

Etwas Salz und Pfeffer

Etwas Öl zum Einfetten der Form

Den Spargel schälen und von den holzigen Enden befreien.

Jeweils 2 Spargelstangen in den Schinken einwickeln.

Die Schinken-Röllchen in eine gefettete Auflaufform legen und den Ofen auf 180 °C Umluft vorheizen.

Für die Sauce alle weiteren Zutaten bis auf den Käse in einen Topf geben, aufkochen lassen und ca. 3–4 Minuten köcheln lassen. Anschließend die Sauce über die Röllchen verteilen. Den geriebenen Käse darüberstreuen.

Etwa 40 Minuten im Ofen überbacken.

2 Portionen

Ein Klassiker in der Spargelsaison, den Ihr unbedingt mal testen solltet. Ihr könnt die Röllchen als Beilage servieren oder auch gern mit einer Beilage, z. B. Salat - Ihr entscheidet.

BRATKARTOFFELN
MIT SCHINKENWÜRFEL

ZUTATEN

800 g Kartoffeln (festkochend)
1 Zwiebel
50 g Schinkenwürfel
1 richtig gute Prise Salz
1 kleine Prise Pfeffer
½ TL Paprika (edelsüß)
2–3 Zweige Petersilie
Butterschmalz oder hitzebeständiges Öl

Die Kartoffeln schälen und in etwa 2 cm dicke Würfel schneiden.

Das Fett in einer Pfanne bei hoher Temperatur erhitzen, dann auf eine mittlere Hitze herunterregeln und die Kartoffeln hineingeben.

4 Minuten braten, dabei nicht rühren und nicht schwenken. Nach 4 Minuten die Kartoffelstücke wenden. Mehrmals wiederholen, bis die Kartoffeln gar und von außen knusprig sind.

Nun die Zwiebeln fein würfeln und zusammen mit dem Schinken zu den Kartoffeln geben. Noch mal 4 Minuten braten und ab und zu wenden.

Zum Schluss würzen und die gehackte Petersilie untermengen.

2–3 Personen

Ja, auch im Fix-Tüten-Regal gab es mal eine Würzmischung für Bratkartoffeln. Sparen wir uns, hier gibt's für Euch mein absolutes Lieblings-Bratkartoffelrezept, ich mache sie nie wieder anders.

GEMÜSE-WRAPS
MIT HACKFLEISCH

ZUTATEN

1 Paprika (rot)
2 Tomaten
250 g Rinderhackfleisch
Salz, Pfeffer, Paprika (edelsüß)
2 EL Tomatenmark
1 kleine Dose Mais (140 g)
4 Wraps oder Tortilla-Fladen
4 TL Frischkäse
1 kleiner Schuss Wasser
Etwas Öl zum Anbraten

Für die Füllung Paprika und Tomaten klein hacken.

Das Hackfleisch in einer Pfanne mit etwas Öl krümelig anbraten, würzen und das Tomatenmark untermengen. Paprika und Mais hinzugeben, einen kleinen Schuss Wasser und 5 Minuten kochen lassen.

Zum Schluss die Tomaten untermengen und noch mal abschmecken. Fertig ist die Füllung!

Frischkäse auf den Tortilla-Fladen verstreichen, die Füllung darauf verteilen und den Wrap einrollen.

Wraps finde ich ja immer eine gute Gelegenheit, um Reste zu verwerten. Ich stelle gerne alle Komponenten auf den Tisch und dann darf sich jeder bedienen und fleißig befüllen und rollen.

4
Personen

BLUMENKOHL-BROKKOLI-GRATIN

Für 4 Personen als Beilage

500 g Brokkoli
500 g Blumenkohl
200 ml Sahne
200 ml Milch
1 Ei (Größe M)
2 EL Schmelzkäse
1 TL Knoblauchpulver
1 TL Instant-Gemüsebrühe
Salz, Pfeffer
100 g geriebener Emmentaler

Den Blumenkohl und den Brokkoli in kleine Röschen zerteilen und in Salzwasser garen. Währenddessen den Ofen auf 170 °C Umluft vorheizen.

Alle Zutaten für die Sauce mit einem Schneebesen gut verquirlen und mit Salz und Pfeffer abschmecken.

Blumenkohl und Brokkoli gut abtropfen lassen, in eine gefettete Auflaufform geben und die Sauce gleichmäßig darüber verteilen.

Mit dem geriebenen Käse bestreuen und 20–30 Minuten im Ofen überbacken.

Lieben Dank an Ruth, dass wir deine Küche für das Cover-Shooting nutzen durften!